Impressum
Verlag: BABADADA GmbH, Nedderfeld 112 , 22529 Hamburg
Geschäftsführer / Verlagsleitung: Harald Hof
Druck: Books on Demand GmbH, In de Tarpen 42, 22848 Norderstedt

Imprint
Publisher: BABADADA GmbH, Nedderfeld 112 , 22529 Hamburg, Germany
Managing Director / Publishing direction: Harald Hof
Print: Books on Demand GmbH, In de Tarpen 42, 22848 Norderstedt

បន្ទប់រៀន
el aula

ចែក
dividir

186/2

ក្ដារ
el pizarrón

ទីធ្លាសាលារៀន
el patio de la escuela

គ្រូបង្រៀន
el maestro

ក្រដាស
el papel

សរសេរ
escribir

បិក
la birome

តុការិយាល័យ
el escritorio

បន្ទាត់
la regla

សៀវភៅ
el libro

កូនសិស្ស
el alumno

សមុតរៀតសួបកែ
la mochila

ប្ររអប់ដាក់ខុមទៅដៃ
la caja de lápices

ខុមទៅដៃ
el lápiz

ប្ររដាប់ខ្ចងខុមទៅដៃ
el sacapuntas

ជ័រលុប
la goma (de borrar)

ផ្ទទាំងគំនូរ
el bloc de dibujo

គំនូរ

el dibujo

ជក់គូរ

el pincel

ប្រអប់ថ្នាំលាប

la caja de pinturas

កន្ត្រៃ

la tijera

ការបិទ

el pegamento

សៀវភៅលំហាត់

el cuaderno de ejercicios

កិច្ចការផ្ទះ

la tarea

លេខ

el número

បូក

sumar

ដក

restar

គុណ

multiplicar

គណនា

calcular

លិខិត

la letra

អក្ខរក្រម

el abecedario

ពាក្យ

la palabra

អត្ថបទ

el texto

អាន

leer

ដីស

la tiza

មេរៀន

la lección

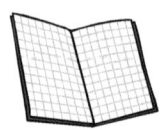

ចុះឈ្មោះ

el cuaderno de clase

ការប្រលង

el examen

វិញ្ញាបនបត្រ

el certificado

ឯកសណ្ឋានសាលា

el uniforme escolar

ការអប់រំ

la educación

សព្វវចនាធិប្បាយ

la enciclopedia

សាកលវិទ្យាល័យ

la universidad

មីក្រូទស្សសន៍

el microscopio

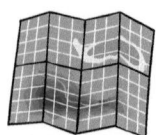

ផែនទី

el mapa

កន្ត្រករដាក់សំរាមកូរដោស

el tacho (de basura)

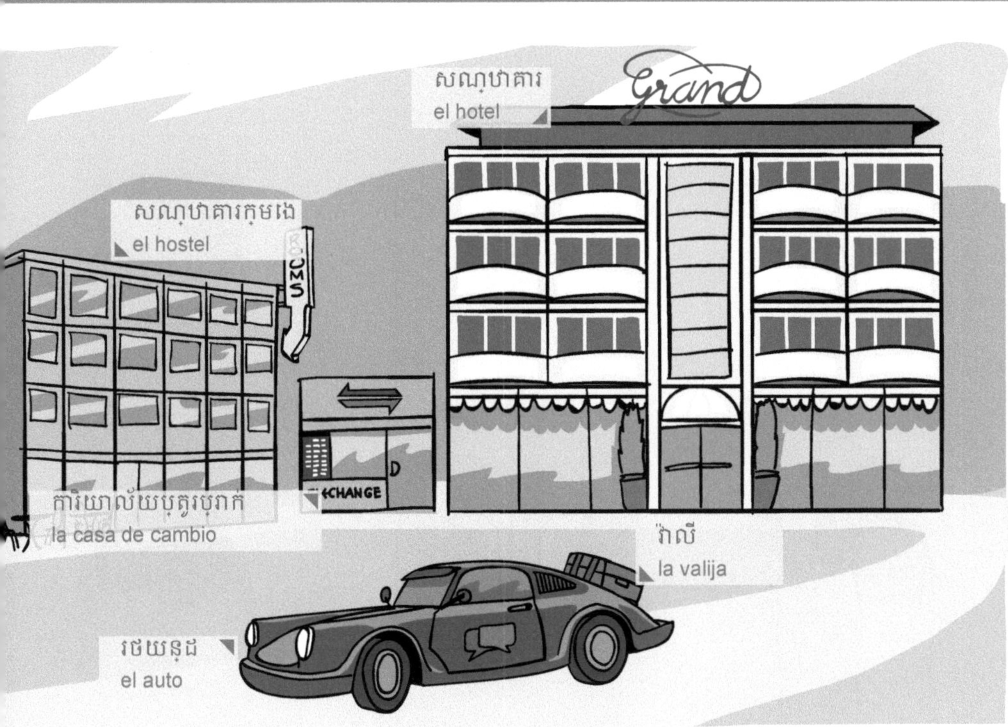

សណ្ឋាគារ
el hotel
Grand
សណ្ឋាគារក្មេង
el hostel
ROOMS
EXCHANGE
ការិយាល័យប្តូរប្រាក់
la casa de cambio
វ៉ាលី
la valija
រថយន្ត
el auto

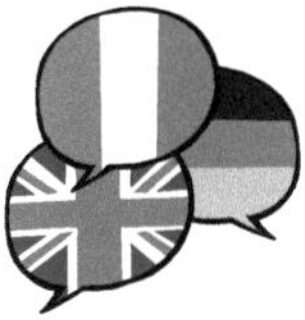

ភាសា

el idioma

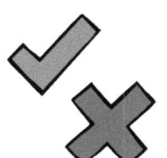

បាទ / ទេ

sí / no

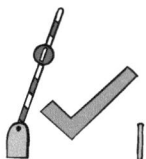

យល់ព្រម

Está bien

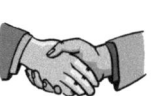

សាយ័ន្តសួស្តី!

hola

អ្នកបកប្រែ

el traductor

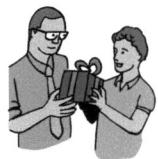

សូមអរគុណ

Gracias

ថ្លៃប៉ុន្មាន...?

¿cuánto cuesta...?

ខ្ញុំមិនយល់

No entiendo

បញ្ហា

el problema

ទិវាសួស្តី!

¡Buenas tardes!

អរុណសួស្តី

¡Buenos días!

រាត្រីសួស្តី!

¡Buenas noches!

លាហើយ

el adiós

ទិសដៅ

la dirección

អីវ៉ាន់

el equipaje

កាបូប

el bolso

កាបូបស្ពាយក្រោយ

la mochila

ភ្ញៀវ

el invitado

បន្ទប់

la habitación

ថង់ដេក

la bolsa de dormir

តង់

la carpa

ព័ត៌មានទេសចរណ៍

la información turística

ឆ្នេរ

la playa

កាតឥណទាន

la tarjeta de crédito

អាហារពេលព្រឹក

el desayuno

អាហារថ្ងៃត្រង់

el almuerzo

អាហារពេលល្ងាច

la cena

សំបុត្រ

el pasaje

ជណ្ដើរយោងយន្ដ

el ascensor

តឹក

el sello

ព្រំដែន

la frontera

គយ

la aduana

ស្ថានទូត

la embajada

ទិដ្ឋាការ

la visa

លិខិតឆ្លងដែន

el pasaporte

ការដឹកជញ្ជូន
el transporte

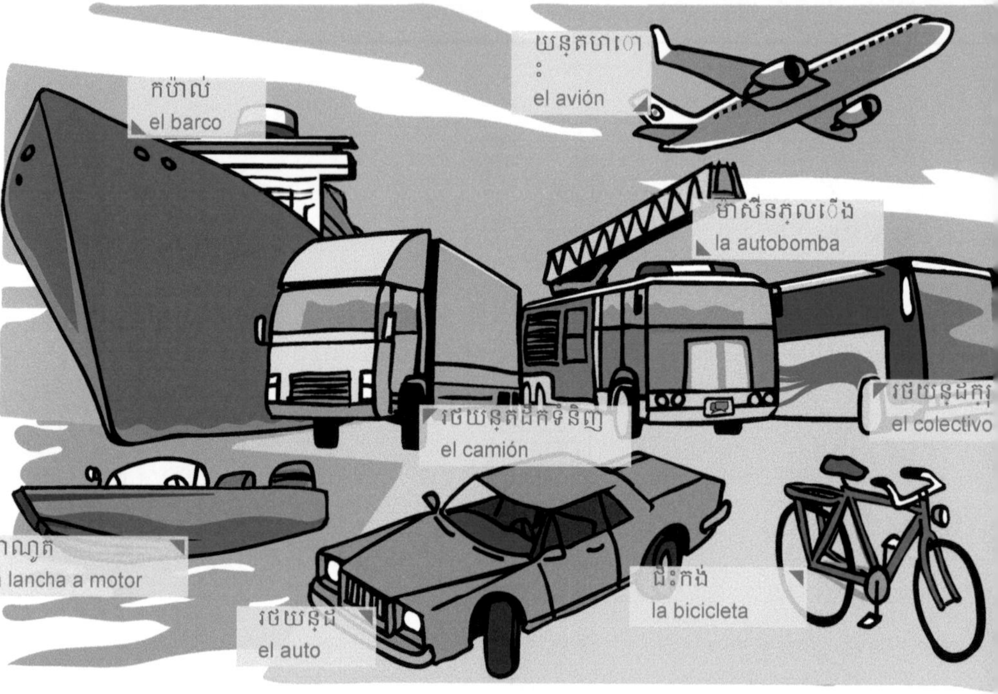

កប៉ាល់
el barco
យន្តហោះ
el avión
ម៉ាស៊ីនភ្លើង
la autobomba
រថយន្តក្រុ
el colectivo
រថយន្តដឹកទំនិញ
el camión
កាណូត
la lancha a motor
រថយន្ត
el auto
ជិះកង់
la bicicleta

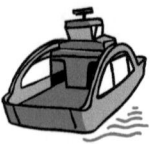

សាឡាង

el ferry

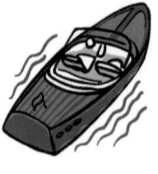

ទូក

el bote

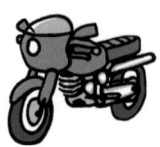

ម៉ូតូ

la moto

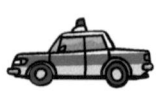

រថយន្តប៉ូលិស

el patrullero

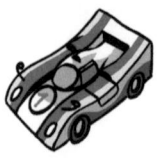

រថយន្តប្រណាំង

el auto de carreras

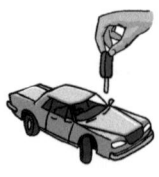

រថយន្តជួល

el auto de alquiler

ការជែវិលវែរថយន្ត

el alquiler de autos

ឡានស្ទូច

la grúa

ឡានបុម្មលសំរាម

el camión de la basura

ម៉ូត

el motor

បុរេងឥនុធន :

la nafta

ស្ថានីយបុរេង

la estación de servicio

វិលាកសញ្ញាចរាចរណ៍

la señal de tránsito

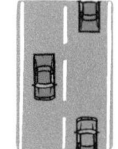

ការធ្វេវើចរាចរណ៍

el tránsito

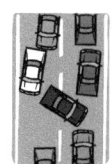

កកស្ទះចរាចរណ៍

el embotellamiento

ចំណត

el estacionamiento

ស្ថានីយរថភ្លើង

la estación de tren

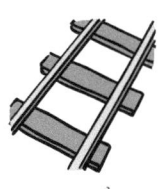

ផ្លូវដែក

las vías

រថភ្លើង

el tren

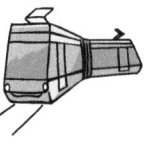

រថអគ្គីសនី

el tranvía

ទូរថភ្លើង

el vagón

ឧទ្ធម្ភាគចក្រ

el helicóptero

ពុរលានយន្តហោះ

el aeropuerto

ប៉ម

la torre

អ្នកដំណើរ

el pasajero

កុងតឺន័រ

el contenedor

ករដាសកាតុង

la caja de cartón

រទេះ

la carretilla

កញ្ចប់

la canasta

ហោះឡ្បើង / ចុះ

despegar / aterrizar

ទីក្រុង

la ciudad

ភូមិ

el pueblo

កណ្ដាលទីក្រុង

el centro de la ciudad

ផ្ទះ

la casa

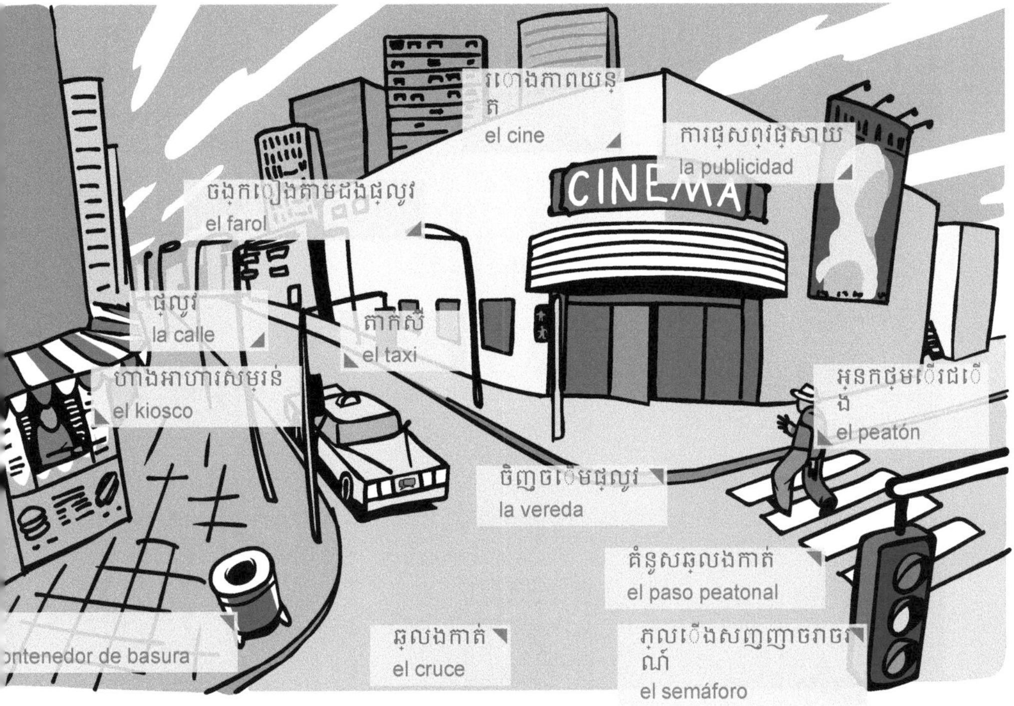

CINEMA
រោងភាពយន្ត
el cine
ការផ្សព្វផ្សាយ
la publicidad
ចង្កៀងតាមដងផ្លូវ
el farol
ផ្លូវ
la calle
តាក់ស៊ី
el taxi
ហាងអាហារសម្រន់
el kiosco
អ្នកថ្មើរជើង
el peatón
ចិញ្ចើមផ្លូវ
la vereda
គំនូសឆ្លងកាត់
el paso peatonal
ontenedor de basura
ឆ្លងកាត់
el cruce
ភ្លើងសញ្ញាចរាចរណ៍
el semáforo

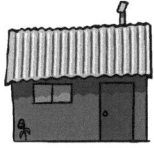

ខ្ទម

la cabaña

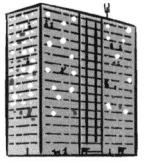

ផ្ទះល្វែង

el departamento

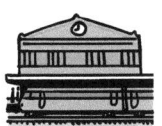

ស្ថានីយរថភ្លើង

la estación de tren

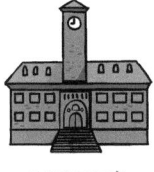

សាលាក្រុង

la municipalidad

MUSEUM

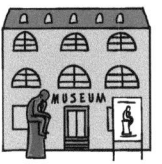

សារមន្ទីរ

el museo

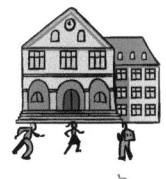

សាលារៀន

el colegio

សាកលវិទ្យាល័យ
la universidad

ធនាគារ
el banco

មន្ទីរពេទ្យ
el hospital

សណ្ឋាគារ
el hotel

ឱសថស្ថាន
la farmacia

ការិយាល័យ
la oficina

ហាងលក់សៀវភៅ
la librería

ហាង
el negocio

ហាងផ្កា
la florería

ផ្សារទំនិញប៉ើ
el supermercado

ទីផ្សារ
el mercado

ហាងទំនិញ
las grandes tiendas

ហាងលក់ត្រី
la pescadería

មជ្ឈមណ្ឌលផ្សារទំនិញ
el centro comercial

កំពង់ផែ
el puerto

ឧទ្យាន
el parque

បង្គ
el banco

ស្ពាន
el puente

ជណ្តើរ
las escaleras

ផ្លូវរថភ្លើងក្រោមដី
el subte

ផ្លូវរូងក្រោមដី
el túnel

ចំណតរថយន្តដឹកក្រុង
la parada del colectivo

បារ
el bar

ភោជនីយដ្ឋាន
el restaurante

ប្រអប់សំបុត្រ
el buzón

សញ្ញាតាមដងផ្លូវ
el letrero

ឧបករណ៍បូមមួលផ្លូវចំណត
el parquímetro

សួនសត្វ
el zoológico

អាងហាលែទឹក
la pileta

វិហារអ៊ីស្លាម
la mezquita

កសិដ្ឋាន

la granja

ការបំពុល

la contaminación

វាលកប់ខ្មោច

el cementerio

ពុរវិហារ

la iglesia

គ្រឿងរៀបអំិលក្មេងលេង

los juegos infantiles

បុរសាទ

el templo

ទេសភាព

el paisaje

ស្លឹក
la hoja

សញ្ញាបុរាប់ទិសដៅ
el poste indicador

ផ្លូវ
el camino

វាលស្មៅ
la pradera

ដុំថ្ម
la piedra

ដើមឈើ
el árbol

អ្នកឡេងភ្នំ
el excursionista

ទន្លេ
el río

ស្មៅ
la hierba

ផ្កា
la flor

ជ្រលងភ្នំ

el valle

កូនភ្នំ

la montaña

បឹង

el lago

ព្រៃឈើ

el bosque

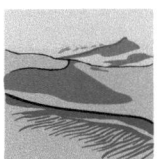

វាលខ្សាច់

el desierto

ភ្នំភ្លើង

el volcán

គារកុប្បី

el castillo

ឥន្ទធនូ

el arco iris

ផ្សិត

el champiñón

ដើមត្នោត

la palmera

មូស

el mosquito

រុយ

la mosca

ស្រមោច

la hormiga

សត្វឃ្មុំ

la abeja

ពីងពាង

la araña

សត្វកញ្ចៅវៃ

el escarabajo

កង្កែប

la rana

កំប្រុក

la ardilla

សត្វកាំបូរមា

el erizo

ទន្សាយសុលឹក

la liebre

សត្វទ្ទុយ

la lechuza

បក្សី

el pájaro

ហង្ស

el cisne

ជ្រូក

el jabalí

សត្វកុតាន់

el ciervo

សត្វកុជាន់

el alce

ទំនប់

la presa

កង្ហារខ្យល់

el aerogenerador

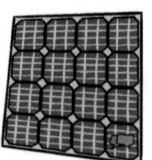

បន្ទះសូឡា

el panel solar

អាកាសធាតុ

el clima

ភោជនីយដ្ឋាន
el restaurante

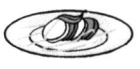

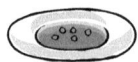

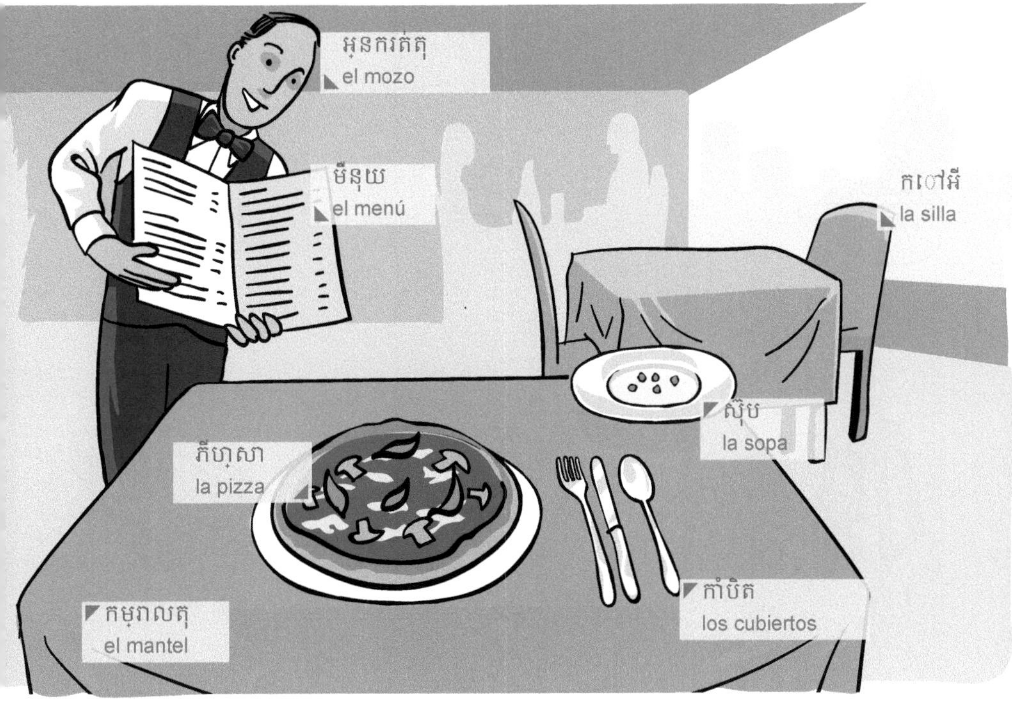

អ្នករត់តុ
el mozo
ម៉ឺនុយ
el menú
កៅអី
la silla
ស៊ុប
la sopa
ភីហ្សា
la pizza
កាំបិត
los cubiertos
កម្រាលតុ
el mantel

អាហារសម្រន់

la entrada

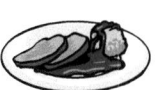

អាហារសំខាន់

el plato principal

បង្អែម

el postre

ភេសជ្ជៈ

las bebidas

អាហារ

la comida

ដប

la botella

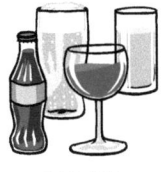

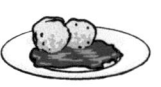

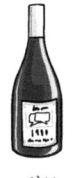

អាហារវហ័ស

la comida rápida

អាហារតាមផ្លូវ

la comida callejera

ប៉ាន់តវី

la tetera

បុរអប់សុករ

la azucarera

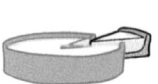

ចំណាកៃ

la porción

ម៉ាស៊ីនឆុងកាហ្វវអេិចសុពុរស្សូ

la cafetera expreso

កៅវអីខ្ពស់

la sillita alta

វិក្កយបត្រ

la cuenta

ថាស

la bandeja

កាំបិត

el cuchillo

សម

el tenedor

ស្លាបព្រា

la cuchara

ស្លាបព្រាកាហ្វវ

la cucharita

កនុសដៃជូតខ្លួន

la servilleta

កវ៉

el vaso

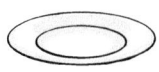

ចានទាប
el plato

ចានស៊ុប
el plato hondo

ចានទូរនាប់
el plato

ទឹកជ្រលក់
la salsa

ដបអំបិល
el salero

ប្រដាប់កិនម្រេច
el molinillo de pimienta

ទឹកខ្មះ
el vinagre

ប្រេង
el aceite

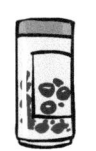

គ្រឿងទេស
las especias

ទឹកប៉េងប៉ោះ
el kétchup

ម៉ូតាក
la mostaza

ទឹកមយ៉ោណេ
la mayonesa

ផ្សារទំនើប

el supermercado

ការផ្តល់ជូនពិសេស
la oferta especial

អតិថិជន
el cliente

ទឹកដោះគោ
los lácteos

ផ្លែឈើ
la fruta

រទេះរុញ
el changuito

ហាងកាប់ជ្រូក

la carnicería

ហាងដុតនំ

la panadería

ថ្លឹង

pesar

បន្លែ

las verduras

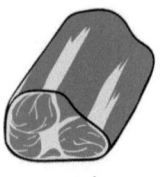

សាច់

la carne

អាហារកុលាសុសរ

los alimentos congelados

20 ផ្សារទំនើប - el supermercado

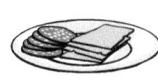

សាច់កុលាសរ
los fiambres

អាហារកំប៉ុង
los alimentos enlatados

មុស־[ៅលាង
el detergente en polvo

សុអរគុរាប់
las golosinas

ផលិតផលកុនុងគ្រួសារ
los electrodomésticos

ផលិតផលសមុអាត
los productos de limpieza

អ្នកលក់
la vendedora

ថតដាក់លុយ
la caja

បវេឡ្ពា
el cajero

បញ្ជីទិញទំនិញ
la lista de compras

ម៉[ោងធុរ[ើការ
el horario de atención

កាបូបលុយបុរុស
la billetera

កាតឥណទាន
la tarjeta de crédito

ថង់
la cartera

ថង់បុលាសុទិច
la bolsa de plástico

las bebidas

ទឹក

el agua

ទឹកផ្លែឈើ

el jugo

ទឹកដោះគោ

la leche

កូកាកូឡា

la bebida cola

ស្រា

el vino

ស្រាបៀរ

la cerveza

គ្រឿងស្រវឹង

el alcohol

កាកាវ

el cacao

តែ

el té

កាហ្វេ

el café

កាហ្វេអ៊ិចស្ព្រេស្សូ

el café expreso

កាហ្វេកាពូឈីណូ

el cappuccino

ចេក
....
la banana

ផ្លែប៉ោម
....
la manzana

ផ្លែក្រូច
....
la naranja

ឪឡឹក
....
el melón

ក្រូចឆ្មា
....
el limón

ការ៉ុត
....
la zanahoria

ខ្ទឹម
....
el ajo

ឫស្សី
....
el bambú

ខ្ទឹមបារាំង
....
la cebolla

ផ្សិត
....
el champiñón

គ្រាប់ផ្លែឈើ
....
las nueces

មី
....
los fideos

មីអីតាលី

los tallarines

ហាយ

el arroz

សាឡាត់

la ensalada

ដំឡូងចៀន

las papas fritas

ដំឡូងចៀន

las papas fritas

ភីហ្សា

la pizza

បឺហ្គឺ

la hamburguesa

សាំងវិច

el sándwich

សាច់ជាប់ឆ្អឹងជំនី

el churrasco

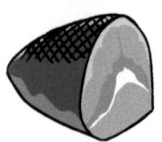

ហាំ

el jamón

សាឡាមី

el salame

សាច់ក្ុរក

la salchicha

សាច់មាន់

el pollo

អាំង

el asado

ត្រី

el pescado

អាហារ - la comida

អាវ៉ែនបបរ

los copos de avena

មុយស្លី

el muesli

ដំឡូងចំណិត

los copos de maíz

មុសៅ

la harina

នំគ្រួសង់

la medialuna

នំប៉័ងមួយយ៉ាងមូលតូចៗ

el pancito

នំប៉័ង

el pan

អាំង

la tostada

នំប៊ីស្គី

las galletitas

ប៊ឺ

la manteca

ទឹកដោះខាប់

la cuajada

នំខេក

la torta

ស៊ុត

el huevo

ស៊ុតចៀន

el huevo frito

ឈីស

el queso

ការ៉េម

el helado

ស្ករ

el azúcar

ទឹកឃ្មុំ

la miel

ជំណាប់

la mermelada

កូរ៉េមតាំងម៉័រ

la pasta de chocolate

ការី

el curry

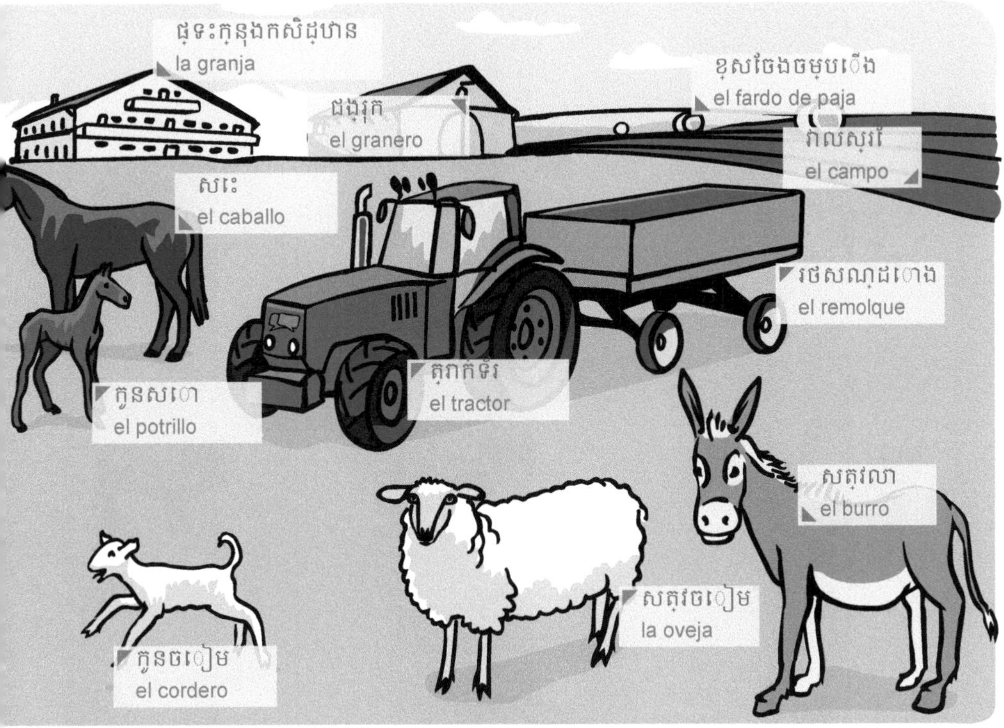

ផ្ទះក្នុងកសិដ្ឋហាន
la granja

ជង្រុក
el granero

ខ្សែចែងចម្បបើង
el fardo de paja

វាលស្រែ
el campo

សេះ
el caballo

រថសណ្ដជពោង
el remolque

កូនសេះ
el potrillo

តុកតាទ័រ
el tractor

សត្វលា
el burro

កូនចៀម
el cordero

សត្វចៀម
la oveja

ពពែ
la cabra

គោញី
la vaca

កូនគោ
el ternero

ជ្រូក
el cerdo

កូនជ្រូក
el lechón

គោឈ្មោល
el toro

សត្វក្ងាន
el ganso

ទា
el pato

កូនមាន់
el pollo

មមោន់
la gallina

មាន់ឈ្មោល
el gallo

កណ្ដុរ
la rata

ឆ្មា
el gato

កណ្ដុរប្បមេះ
el ratón

គពោឈ្មោល
el buey

ឆ្កែ
el perro

ផ្ទះឆ្កែ
la cucha

ទុយោទឹក
la manguera

ធុងស្រោចទឹក
la regadera

ខ្វែបក
la guadaña

នង្គ័ល
el arado

កណ្ដៀវ
la hoz

ចបកាប់
la azada

រនាស់
la horquilla

ពូថៅ
el hacha

រទេះរុញ
la carretilla

ស្នូក
el abrevadero

កំប៉ុងទឹកដោះគោ
la lechera

ហារ
la bolsa

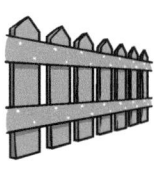

របង
la reja

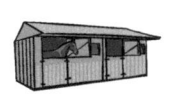

ករោល
el establo

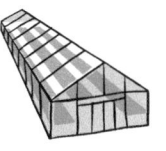

ផ្ទះកញ្ចក់
el invernadero

ដី
el suelo

គ្រាប់ពូជ
la semilla

ជី
el fertilizador

ម៉ាស៊ីនច្រូតម្យលផល
la cosechadora

បុរមួលផល

cosechar

ការបុរមួលផល

la cosecha

ដំឡូងជុក

las batatas

ស្រូវសាលី

el trigo

សណ្ដែកសៀង

la soja

ដំឡូងជុក

la papa

ពោត

el maíz

គ្រាប់បុរងៃវៃ

la semilla de colza

ដេីមឈេីហ្វូបផុលៃ

el árbol frutal

ដំឡូងមី

la mandioca

ចញ្ញញជាតិ

los cereales

la casa

បំពង់ផ្សែង
la chimenea

ដំបូល
el techo

ទុបង់ហូរទឹក
el caño de desagüe

បង្អួច
la ventana

ហ្គារ៉ាស
el garaje

កណ្ដឹងដងទ្វារ
el timbre

ទ្វារ
la puerta

ធុងសំរាម
el tacho de basura

បុរអប់សំបុត្រ
el buzón

សួនច្បារ
el jardín

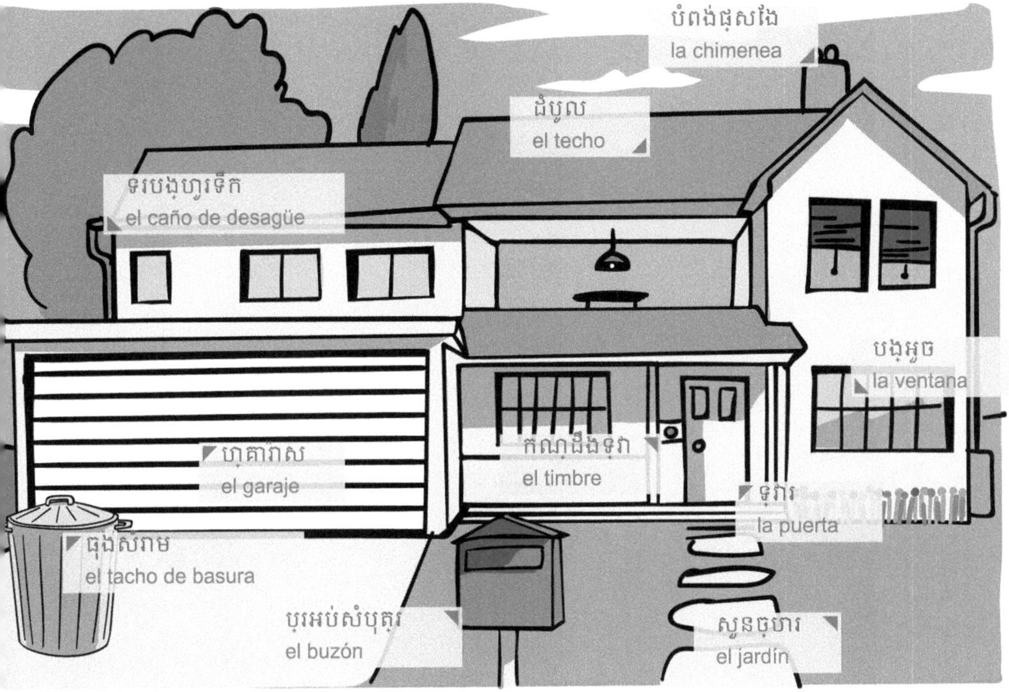

បន្ទប់ទទួលភ្ញៀវ

el living

បន្ទប់ទឹក

el baño

ផ្ទះបាយ

la cocina

បន្ទប់គេង

el dormitorio

បន្ទប់របស់កុមារ

el cuarto de los chicos

បន្ទប់ទទួលទានអាហារ

el comedor

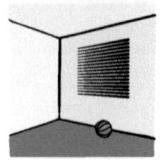

ជាន់

el piso

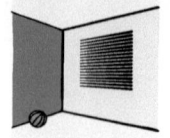

ជញ្ជាំង

la pared

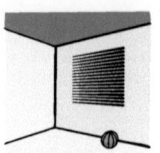

ពិដាន

el cielorraso

បន្ទប់ក្រោមដី

el sótano

សូណា

el sauna

យ៉ែរ

el balcón

ផ្ទៃវៃបសុមឝ៌ីនៅជមុរាល
កុន្លឹ

la terraza

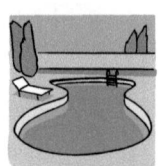

អាងហាលៃទឹក

la pileta

ម៉ាសីនកាត់សុមៅ

la cortadora de pasto

សន្លឹក

la sábana

កម្រាលគ្រវៃដេកេ

el acolchado

គ្រវៃ

la cama

អំបោស

la escoba

ធុង

el balde

កុងតាក់

el interruptor

បន្ទប់ទទួលភ្ញៀវ
el living

ផ្ទាំងរូបភាព
el empapelado
រូបភាព
la imagen
ចង្កៀង
la lámpara
ធ្នើ
el estante
ទូដាក់ចាន
el armario
ទូរទស្សន៍
la televisión
ជើងក្រានកម្ដៅផ្ទះ
la chimenea
ផ្កា
la flor
ខ្នើយ
el almohadón
សាឡុង
el sofá
ថូ
el florero
ការបញ្ជាពីចម្ងាយ
el control remoto

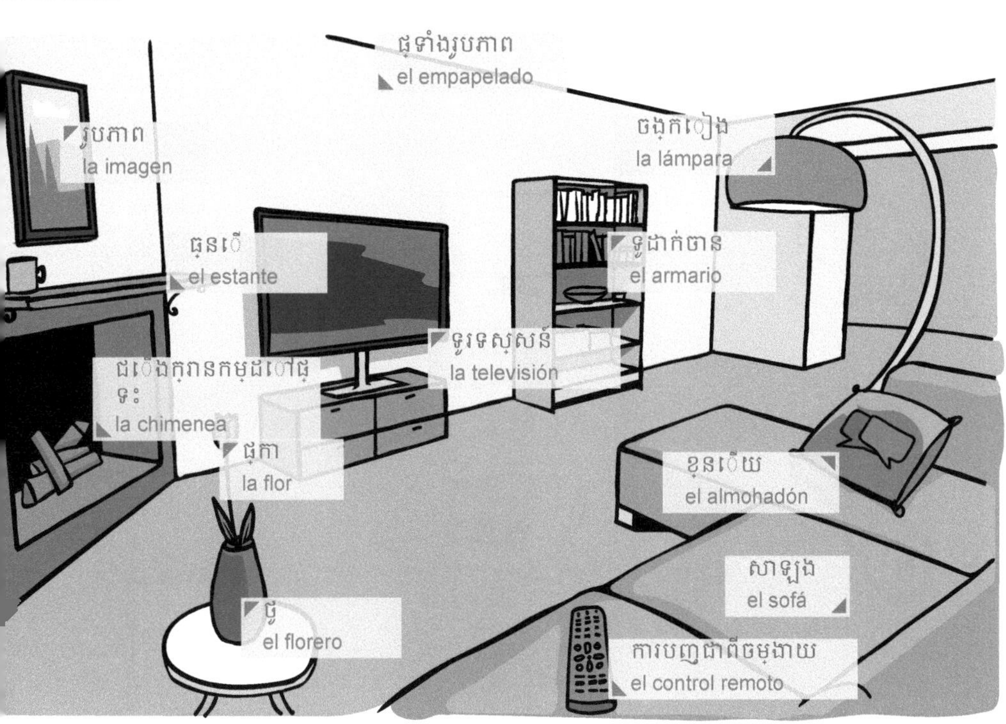

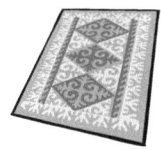

កម្រាលព្រំ

la alfombra

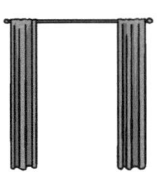

វាំងនន

la cortina

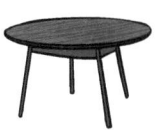

តុ

la mesa

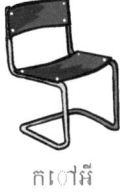

កៅអី

la silla

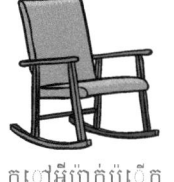

កៅអីប៉ាក់ប៉ើក

la mecedora

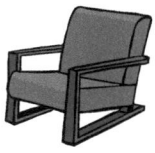

កៅអីភ្នាក់ដៃ

el sillón

សៀវភៅ

el libro

ភួយ

la frazada

ការតុបតែង

la decoración

អុសដុត

la leña

ខ្សែភាពយន្ត

la película

ឧបករណ៍ Hi-Fi

el equipo de música

កូនសោ

la llave

កាសែត

el diario

គំនូរ

la pintura

ផ្ទាំងរូបភាព

el póster

វិទ្យុ

la radio

ណូតជតេ

el cuaderno

ម៉ាស៊ីនបូមធូលី

la aspiradora

ដំបងយកស

el cactus

ទៀន

la vela

ផ្ទះបាយ
la cocina

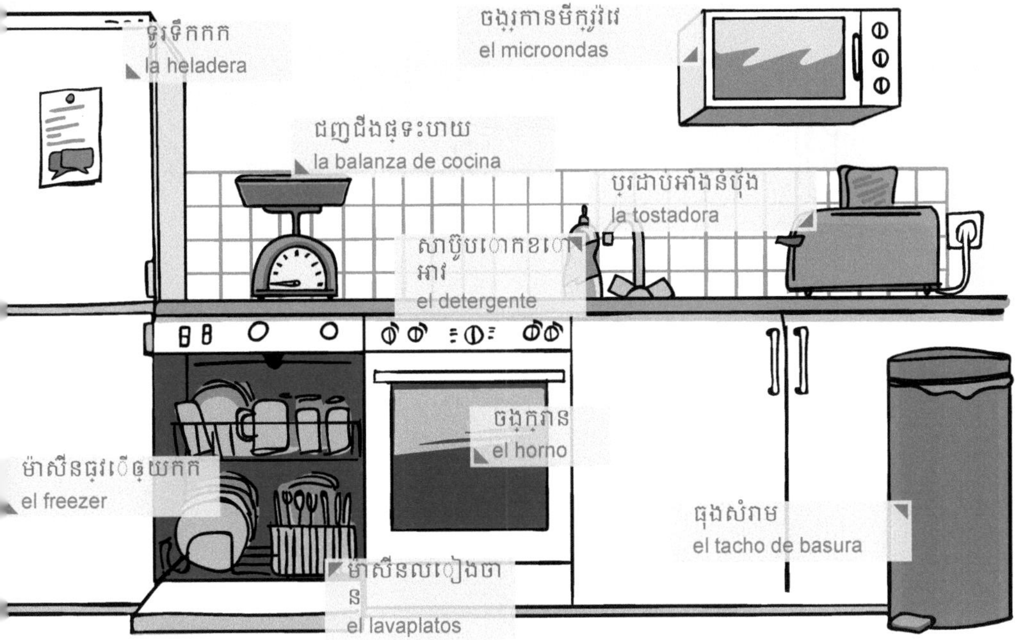
ទូរទឹកកក
la heladera
ចង្ក្រានមីក្រូវ៉េវ
el microondas
ជញ្ជីងផ្ទះបាយ
la balanza de cocina
ប្រដាប់អាំងនំប៉័ង
la tostadora
សាប៊ូបោកខោអាវ
el detergente
ចង្ក្រាន
el horno
ម៉ាស៊ីនធ្វើទឹកកក
el freezer
ធុងសំរាម
el tacho de basura
ម៉ាស៊ីនលាងចាន
el lavaplatos

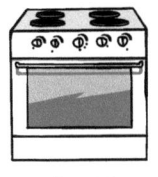

ចង្ក្រាន

la cocina

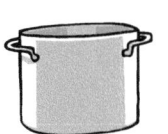

ឆ្នាំង

la olla

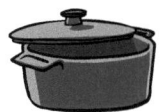

ឆ្នាំងដែក

la olla de hierro fundido

ខ្ទះ / ខ្ទះឥណ្ឌា

el wok

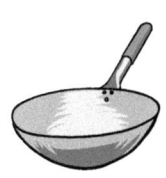

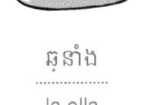

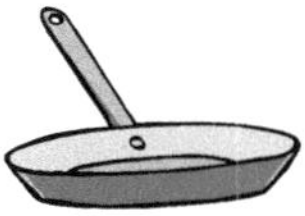

ខ្ទះ

la sartén

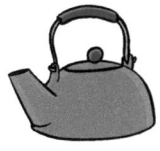

កំសៀវ

la pava

ឆ្នាំងចំហុយ

la vaporera

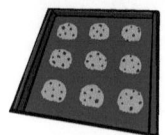

ថាសដុតនំ

la bandeja de horno

គ្រឿងចានឆ្នាំងដី

la vajilla

ថ្វី

la taza

ចានតឿម

el bol

ចង្កឹះ

los palitos

វែកសមុល

el cucharón

វែកកូរ

la espátula

បរដាប់វាយក្ឬឡេក

la batidora

តម្រង

el colador

កន្ត្រង

el colador

បរដាប់កឿសដុង

el rallador

គ្រុហាល់

el mortero

ការអាំងសាច់

la parrilla

ចង្ក្រានចំហា

la fogata

ជុងរញ្ញ
la tabla de picar

បុរដាប់កិនម្សៅ
el palo de amasar

បុរដាប់ម្សៅបើកឆ្នុកសុរា
el sacacorchos

កំប៉ុង
la lata

បុរដាប់បើកកំប៉ុង
el abrelatas

កុរណាត់ទ្រាប់ឆ្នាំង
la manopla

កន្ទលងែលាងចាន
la pileta

ជក់
el cepillo

អប៉ុង
la esponja

ម៉ាស៊ីនកូរឡ្យេក
la batidora

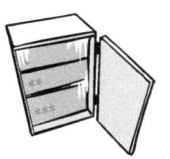

ទូរទឹកកកខ្នាតក្ខូច
el congelador

ជបទឹកដៃ្យោះគ្លោ
la mamadera

រូបីណារ
la canilla

កម្ដៅទៅ
la calefacción

ផ្កាឈូក
la ducha

កន្សែង
la toalla

រាំងននងុតទឹកផ្កាឈូក
la cortina de la ducha

ការងុតទឹកពពុះ
el baño de espuma

អាងងុតទឹក
la bañadera

ម៉ាស៊ីនបោកគក់
el lavarropas

កវ៉ៃ
el vaso

រូប៊ីណេ
la canilla

ករទ្បាកុបឡេង
las baldosas

ចានបង្គន់
la pelela

កន្សែងលាងចាន
la pileta

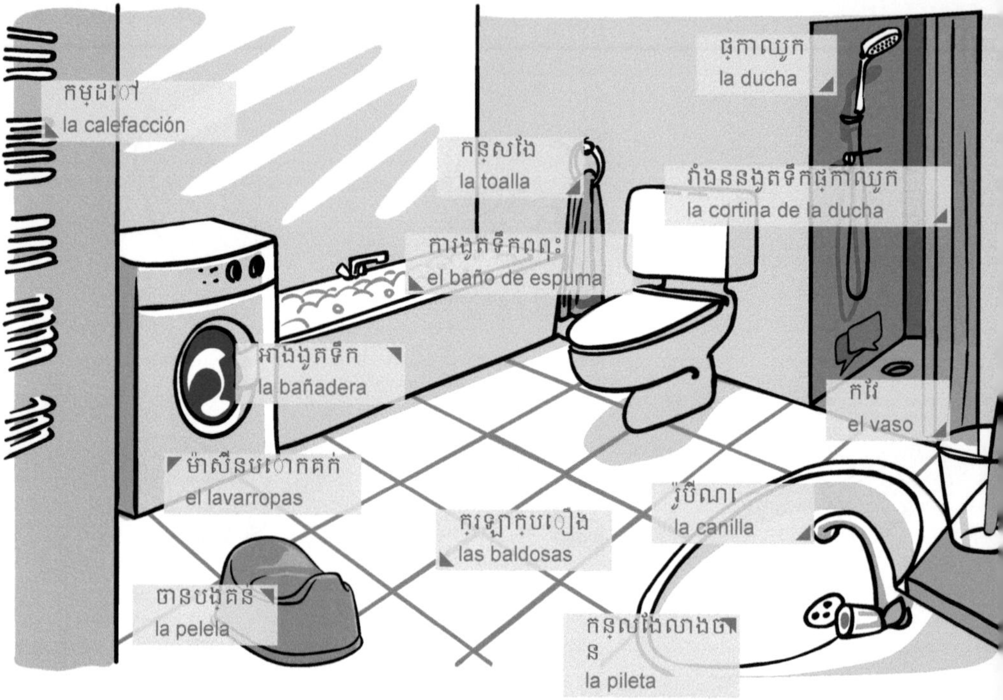

បង្គន់
el inodoro

បង្គន់អង្គុយ
la letrina

ផ្សៈងជម្រះកាយ
el bidé

កុលំទឹកនរោម
el mingitorio

ករដាសបង្គន់
el papel higiénico

ចុរសដុសបង្គន់ន
el cepillo para el inodoro

ច្រាសដុសធ្មេញ

el cepillo de dientes

ថ្នាំដុសធ្មេញ

el dentífrico

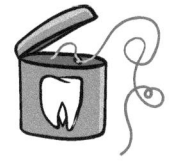

ខ្សែទាក់សម្អាតធ្មេញ

el hilo dental

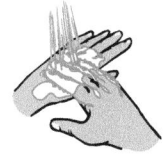

លាង

lavar

បូរដោយដាក់ដៃផ្កាឈ្លូក

la ducha de mano

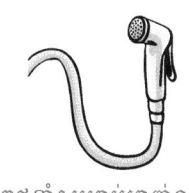

ទឹកថ្នាំសម្រាប់ហាញ់លាង

la ducha higiénica

អាង

la palangana

ច្រាសដុសខ្នង

el cepillo para la espalda

សាប៊ូ

el jabón

លសម្រាប់ងូតទឹកផ្កាឈ្លូ
ក

el gel de ducha

សាប៊ូ

el shampoo

សកលាត

la toallita

បំពង់បង្ហូរទឹក

el desagüe

ក្រែម

la crema

ថ្នាំបំហាត់ក្លិនអាក្រក់

el desodorante

កញ្ចក់

el espejo

កញ្ចក់ដៃ

el espejito

បរិដាប់កោរ

la maquinita de afeitar

ហ្វូមកោរពុកមាត់

la espuma de afeitar

ទឹកលាងក្រោយកោរពុកម
ាត់រួច

el aftershave

កូរស

el peine

ជក់

el cepillo

បរិដាប់សម្ងួតសក់

el secador de pelo

សួរាយហាញ់សក់

el spray

ការតុបតែងមុខ

el maquillaje

កូរមេលាបមាត់

el lápiz de labios

ថ្នាំលាបក្រចក

el esmalte para uñas

រោមកប្បាស

el algodón

កន្ត្រៃកាត់ក្រចក

la tijera para uñas

ទឹកអប់

el perfume

កាបូបបពោកឥតកក់

el portacosméticos

លាមក

la banqueta

ជញ្ជីងថ្លឹងទម្ងន់

la balanza

អាវពាក់ងូតទឹក

la bata

ស្រោមដៃកៅស៊ូ

los guantes de goma

ធ្នុក

el tampón

កន្សែងអនាម័យ

la toallita femenina

បង្គន់គីមី

el baño químico

el cuarto de los chicos

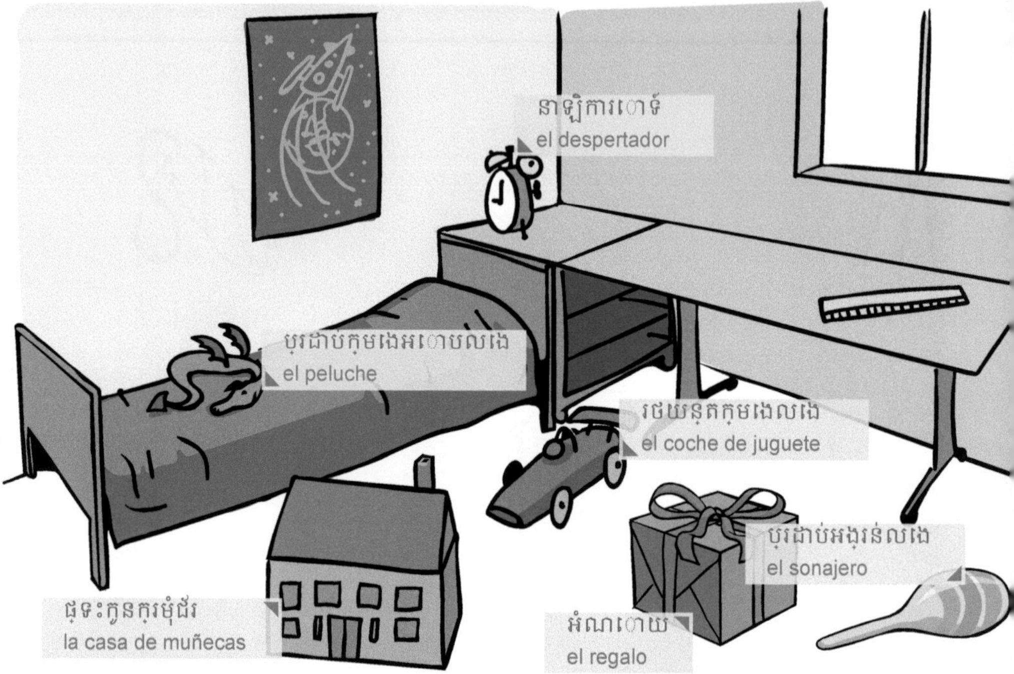

នាឡិការោទ៍
el despertador

បុរដាបកុមងអរោបលងែ
el peluche

រថយន្តកុមងែលង
el coche de juguete

ផ្ទះកូនកុរមុំជរ
la casa de muñecas

បរដាប់អងុរន៍លងែ
el sonajero

អំណោយ
el regalo

ប៉េងប៉ោង
el globo

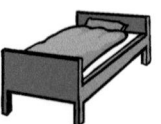

គូរវ
la cama

រទេះេ្រញទារក
el cochecito

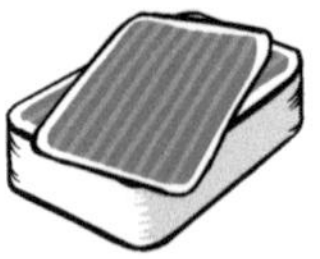

ហ្គបេ្បៀ
las cartas

រូបផ្គុំ
el rompecabezas

កំបុលងៃ
la historieta

ឪដុប Lego

las piezas de lego

បុល្កបូរដាប់កុមដែងលង

los ladrillos de juguete

គូលខេសកម្មភាព

la figura de acción

ខោអាវទារក

el enterito (de bebé)

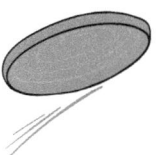

ការគប់ចាស

el frisbee

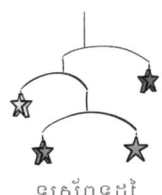

ទូរស័ព្ទដរ់

el móvil para bebés

កុតារល្បបងែ

el juego de mesa

គុរាប់ឡ្យកឡ្យាក់

los dados

ឈុតថេភុលេ៊ីងគំរ

el tren eléctrico

រូបសំណាក

el chupete

គណបកុស

la fiesta

សរ្យៀវភេ៕រូបភាព

el libro de cuentos ilustrado

ហាល់

la pelota

កូនក្ររម៉ុតុក្កតា

la muñeca

លងែ

jugar

របោងទៅខុសាច់

el arenero

ទៗង

la hamaca

បរដាប់កុមដេលងេ

los juguetes

កុងស្វលវិដអ្វេហ្គតម

la consola de videojuegos

គីវិចក្រយានយនុត

el triciclo

តុក្កកតាខុលាយុមុំ

el osito de peluche

ទូខៗអារ

el armario

សម្ឫលៗៀកបំពាក់

la ropa

សុរៗមជឃ៝ង

las medias

សុរៗមជឃ៝ងវែ

las medias panty

ខៗទុរនាបនារី

las calzas

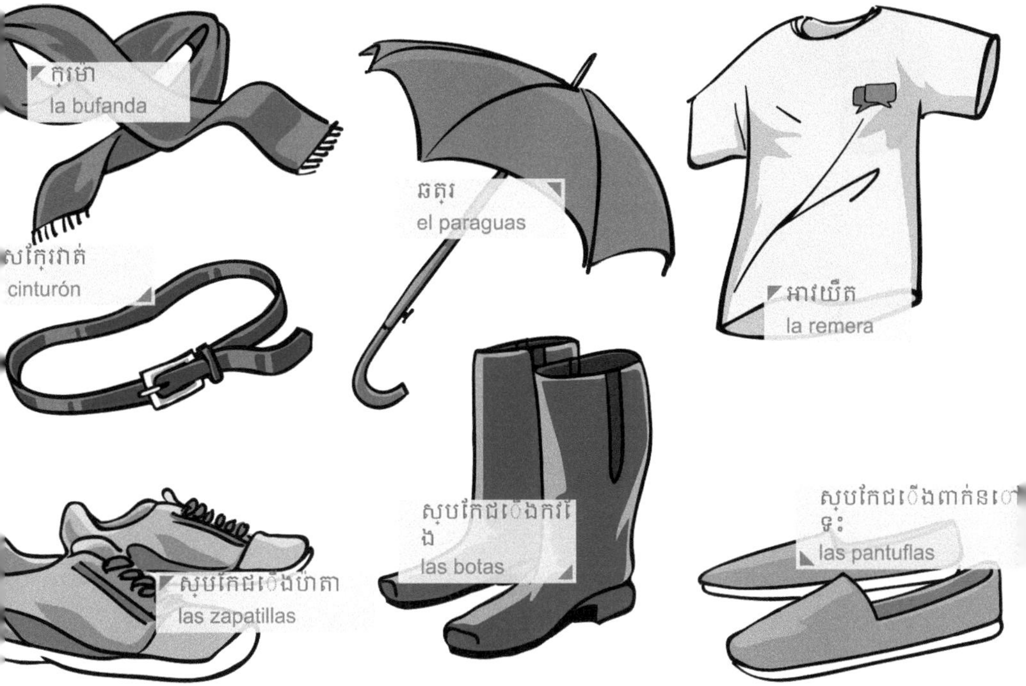

កូម៉ា
la bufanda

ឆត្រ
el paraguas

អាវយឺត
la remera

សម្រោវាត់
cinturón

សុបកែជឹ៰ឯងករ៉េង
las botas

សុបកែជឹ៰ឯងពាក់នៅ
ទ្ផះ
las pantuflas

សុបកែជឹ៰ឯងហាគា
las zapatillas

សុបកែជឹ៰ឯងសង្ងរកែ
las sandalias

សុបកែជឹ៰ឯង
los zapatos

សុបកែជឹ៰ឯងករវៃ៦កទៅស្ងី
las botas de goma

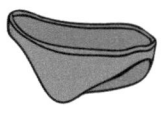
ខទៅទុរនាប់បុរស
la ropa interior

អាវទុរនាប់
el corpiño

អាវកាក់
el chaleco

រាងកាយ

el body

ខោទ្រវែង

los pantalones

ខោខូវប៊ីយ

los jeans

សំពត់

la pollera

អាវក្រវៅ

la blusa

អាវ

la camisa

អាវយឺត

el pulóver

អាវយឺត

el buzo

អាវផាំ

el blazer

អាវក្រវៅ

la campera

អាវផាំ

el tapado

អាវភ្លៀងវៀង

el piloto

គូរវៀងតវៃង

el traje

អាវរវែង

el vestido

សំលៀកបំពាក់អាពាហ៍ពិពាហ៍

el vestido de novia

ឧបោអារឈុត

el traje

រ៉ូបរាត្រី

el camisón

ឈុតគេង

el pijama

សារី

el sari

កន្សែងជូតកុហាល

el pañuelo para la cabeza

ទុន្នត

el turbante

សុបម៉ែខ

la burka

kaftan

el caftán

abaya

la abaya

ឈុតហាលែទឹក

el traje de baño

ឧបោខុល

el short de baño

ឧបោខុល

los shorts

ឈុតហាត់កីឡា

el jogging

អារអៀម

el delantal

ស្រោមដៃ

los guantes

ឆ្ពួរដេអាវ

el botón

វ៉ែនតា

los anteojos

ខ្សែដៃ

la pulsera

ខ្សែក

el collar

ចិញ្ចៀន

el anillo

កុំរិល

el aro

មួក

la gorra

បរដាប់ពួរយួរអាវកុរទៅ

la percha

មួក

el sombrero

កុរវាត់ក

la corbata

រូត

el cierre

មួកសុវត្ថិភាព

el casco

ខ្សែវ៉

los tiradores

ឯកសណ្ឋានសាលា

el uniforme escolar

ឯកសណ្ឋាន

el uniforme

អៀមទារក
el babero

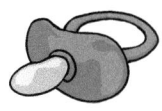
រូបសំណាក
el chupete

ខោទឹកនោម
el pañal

ការិយាល័យ
la oficina

ម៉ាស៊ីនមេ
el servidor

ទូឯកសារ
el archivero

ម៉ាស៊ីនបោះពុម្ព
la impresora

ម៉ូនីទ័រ
el monitor

ក្រដាស
el papel

ក្បារិយាល័យ
el escritorio

កណ្ដុរ
el mouse

សំម
la carpeta

ក្ដារចុច
el teclado

កន្ត្រករងាក់សំរាមក្រដាស
el tacho (de basura)

កុំព្យូទ័រ
la computadora

កៅអី
la silla

កវែកាហ្វេ
la taza de café

ម៉ាស៊ីនគិតលេខ
la calculadora

អ៊ីនធឺណិត
el internet

កុំព្យូទ័រយួរដៃ

la laptop

លិខិត

la carta

សារ

el mensaje

ទូរស័ព្ទដៃ

el celular

បណ្ដាញ

la red

ម៉ាស៊ីនថតចម្លង

la fotocopiadora

សូហ្វវែរ

el software

ទូរស័ព្ទ

el teléfono

រន្ធដោតពេត

el tomacorriente

ម៉ាស៊ីនទូរសារ

el fax

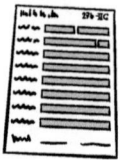

ទម្រង់បែបបទ

el formulario

ឯកសារ

el documento

ទិញ

comprar

បង់ប្រាក់

pagar

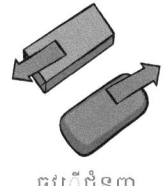

ធ្វើពេជំនួញ

hacer negocios

លុយ

el dinero

ប្រាក់ដុល្លារ

el dólar

ប្រាក់អឺរ៉ូ

el euro

ប្រាក់យ៉េន

el yen

ប្រាក់រ៉ូបិល

el rublo

ហ្វ្រង់ស្វីស

el franco suizo

ប្រាក់យ៉ន

el yuan

ប្រាក់រូពី

la rupia

កន្លែងប្រូរើសាច់ប្រាក់

el cajero automático

ការិយាល័យប្តូរប្រាក់

la casa de cambio

មាស

el oro

ប្រាក់

la plata

ប្រេង

el petróleo

ថាមពល

la energía

តម្លៃ

el precio

កិច្ចសន្យា

el contrato

ពន្ធ

el impuesto

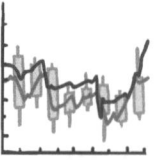

ភាគហ៊ុន

la acción

ធ្វើការ

trabajar

បុគ្គលិក

el empleado

និយោជក

el empleador

រោងចក្រ

la fábrica

ហាង

el negocio

las ocupaciones

មនុក្ដីប៉ូលិស
el policía

អ្នកពន្លត់អគ្គិភ័យ
el bombero

ចុងភៅ
el cocinero

វេជ្ជបណ្ឌិត
el médico

អ្នកបើកយន្តហោះ
el piloto

អ្នកថែសួន
el jardinero

ជាងឈើ
el carpintero

ជាងកាត់ដេរ
la modista

ចៅក្រម
el juez

គីមីវិទ្ទូ
el farmacéutico

តួកុន
el actor

អ្នកបើកឡានក្រុង

el colectivero

អ្នកបើកតាក់ស៊ី

el taxista

អ្នកនសោទ

el pescador

ស្តូវ៉ីអ្នកសម្អាត

la mucama

ជាងដំបូល

el techista

អ្នករត់តុ

el mozo

អ្នកបរបាញ់សត្វ

el cazador

វិចិត្រករ

el pintor

អ្នកដុតនំ

el panadero

ជាងអគ្គីសនី

el electricista

ជាងសំណង់

el albañil

វិស្វករ

el ingeniero

អ្នកកាប់សាច់

el carnicero

ជាងជួសជុលទុយ៉ោរទឹក

el plomero

អ្នករត់សំបុត្រ

el cartero

ទាហាន

el soldado

ស្ថាបត្យករ

el arquitecto

បេឡា

el cajero

អ្នកលក់ផ្កា

el florista

អ្នកអ៊ិតសក់

el peluquero

អ្នកយកលុយ

el cobrador

ជាងម៉ាស៊ីន

el mecánico

កាពីទែន

el capitán

ពេទ្យធ្មេញ

el dentista

អ្នកវិទ្យាសាស្ត្រ

el científico

គ្រូបង្រៀនច្បាប់សញ្ជាតិ
ជ៊ីហ្វ

el rabino

លោកសង្ឃយចាម

el imán

ព្រះសង្ឃយ

el monje

បព្វជិត

el sacerdote

ឧបករណ៍

las herramientas

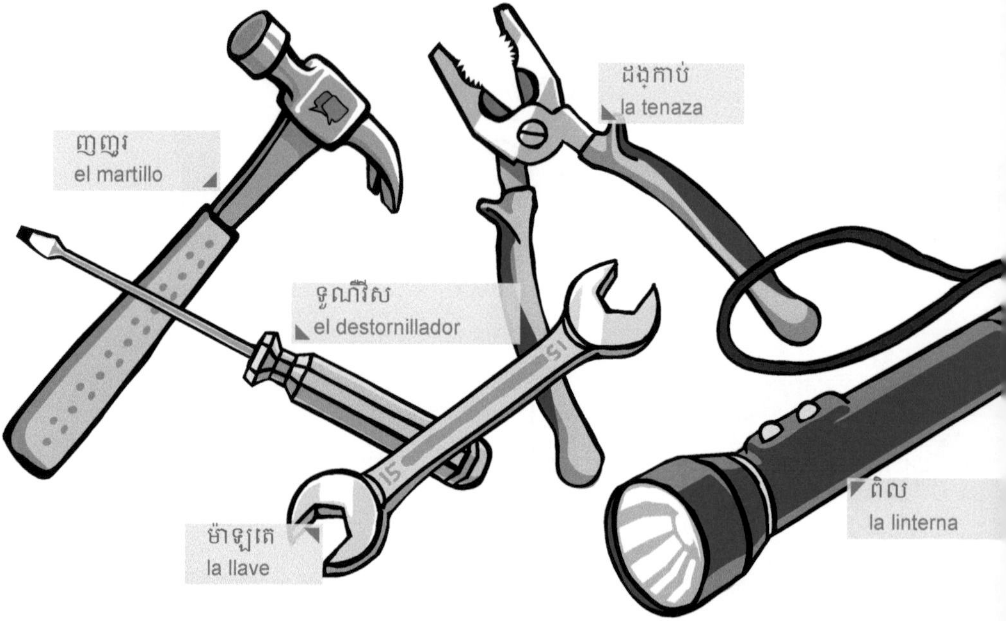

ញញួរ
el martillo
ដង្កាប់
la tenaza
ទួណឺវីស
el destornillador
ម៉ាឡេត
la llave
ពិល
la linterna

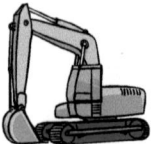

ម៉ាស៊ីនជីក

la excavadora

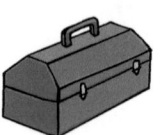

ប្រអប់ឧបករណ៍

la caja de herramientas

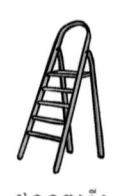

ជណ្ដើរ

la escalera portátil

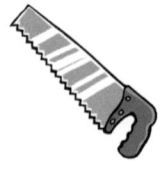

រណារ

la sierra

ដែកគោល

los clavos

ប្រដាប់ស្វាន

el taladro

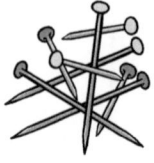

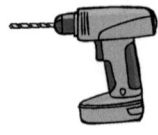

ជួសជុល

arreglar

ប៉ែល

la pala de jardín

ចង្រៃ!

¡Qué bronca!

ប្រដាប់ច្រកធូលី

la pala de plástico

ធុងថ្នាំពណ៌

el tacho de pintura

វីស

los tornillos

ឧបករណ៍តន្ត្រី
los instrumentos musicales

ឧបករណ៍បំពងសំឡេង
el parlante

ឈុតសូត្រ
la batería

ហ្គីតា
la guitarra

ហាសព័រ
el contrabajo

ត្រែ
la trompeta

ពុយាណូ

el piano

វីយូឡុង

el violín

បាស

el bajo

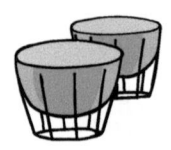

សូតរពោសសុបកែមុខ្យ៉ាង

los timbales

សូតរ

el tambor

យ៊ីបត

el teclado

សាក់សូហ្វូន

el saxofón

ខ្លុយ

la flauta

ម៊ីក្រូហ្វូន

el micrófono

ឧបករណ៍តន្ត្រី - los instrumentos musicales

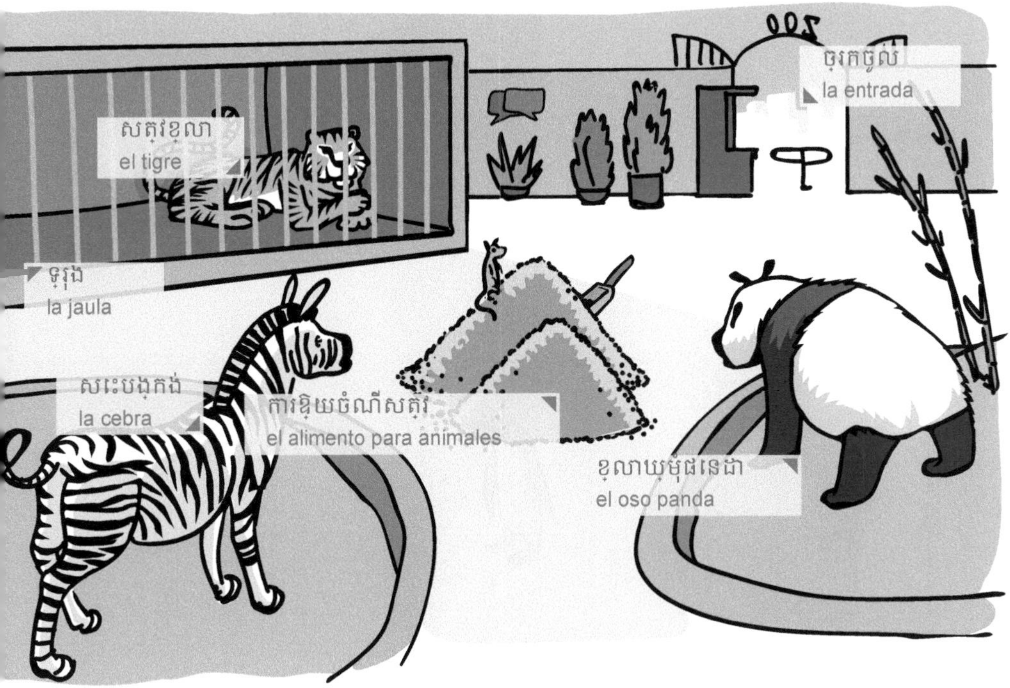

សត្វខ្លា
el tigre

ចូរកច្ចួល
la entrada

ទ្រុង
la jaula

សរេបងុកង់
la cebra

ការឱ្យចំណីសត្វ
el alimento para animales

ខ្លាឃ្មុំផនេដា
el oso panda

សត្វ

los animales

សត្វដំរី

el elefante

សត្វកង់ហ្គារ

el canguro

សត្វរមាស

el rinoceronte

សត្វស្វាហ្គ័រីឡ្លា

el gorila

ខ្លាឃ្មុំពណ៌ត្នោត

el oso

សត្វអូដ្ឋ

el camello

សត្វអូទ្រីស

el avestruz

សត្វតោ

el león

ស្វា

el mono

សត្វក្រុយេ្រៀល

el flamenco

សកែ

el loro

ខ្លាឃ្មុំតំបន់ប៉ូល

el oso polar

ជនេយុរីន

el pingüino

ត្រីឆ្លាម

el tiburón

ក្ងោក

el pavo real

សត្វពស់

la serpiente

ក្រពើ

el cocodrilo

អ្នករក្សាសួនសត្វ

el cuidador del zoológico

ឆ្មាទឹក

la foca

ខ្លារខិនមុយ៉ាង

el jaguar

កូនសេះ

el poni

ខ្លារខិន

el leopardo

សត្វដារទឹក

el hipopótamo

សត្វករវែង

la jirafa

ឥន្ទ្រី

el águila

ជ្រូក

el jabalí

ត្រី

el pescado

អណ្ដើកវឹក

la tortuga

លពោមមចូ

la morsa

កញ្ជ្រោង

el zorro

ក្ដាន់

la gacela

កីឡាហាល់ទាត់អាមេរិក
el fútbol americano

ការបុរណរាំងកង់
el ciclismo

កីឡាថែនីស
el tenis

កីឡាហាល់បរបោះ
el básquet

កីឡាហាលេទឹក
la natación

កីឡាវាយកូនហាល់លរ
កក
el hockey sobre hielo

កីឡាបុរដាល
el boxeo

កីឡាហាល់ទាត់
el fútbol

កីឡាវាយសី
el bádminton

អត្តពលកម្ម
el atletismo

កីឡាហាល់កាន់
el handball

ការជិះស្គី
el esquí

ប៉ូឡូ
el polo

សរសេរ
escribir

គូរ
dibujar

បង្ហាញ
mostrar

រញ
presionar

ធ្វើ
dar

យក
tomar

មាន

tener

ធ្វើរើ

hacer

គឺ

ser

ឈរ

estar parado

រត់

correr

ទាញ

tirar

បោះ

tirar

ធ្លាក់

caer

កុហាក

estar acostado

រង់ចាំ

esperar

យួរ

llevar

អង្គុយ

estar sentado

ស្លៀកពាក់

vestirse

ដេក

dormir

ភ្ញាក់ឡើង

despertar

មើល

mirar

យំ

llorar

គូសវាស

acariciar

សិតសក់

peinar

និយាយ

hablar

យល់

entender

សួរ

preguntar

ស្ដាប់

escuchar

ជឹក

beber

បរិភោគ

comer

សម្អាត

ordenar

ស្រលាញ់

amar

ចម្អិន

cocinar

បើកបរ

manejar

ហោះ

volar

ចកែទូក
navegar

គណនា
calcular

អាន
leer

រៀន
aprender

ធ្វើការ
trabajar

រៀបការ
casarse

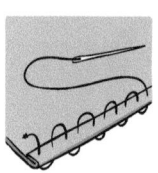

ដេរ
coser

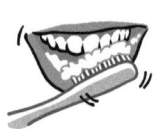

ដុសធ្មេញ
cepillarse los dientes

សម្លាប់
matar

ជក់
fumar

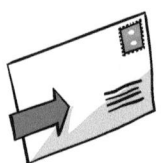

ផ្ញើលិ
enviar

ក្រុមគ្រួសារ
la familia

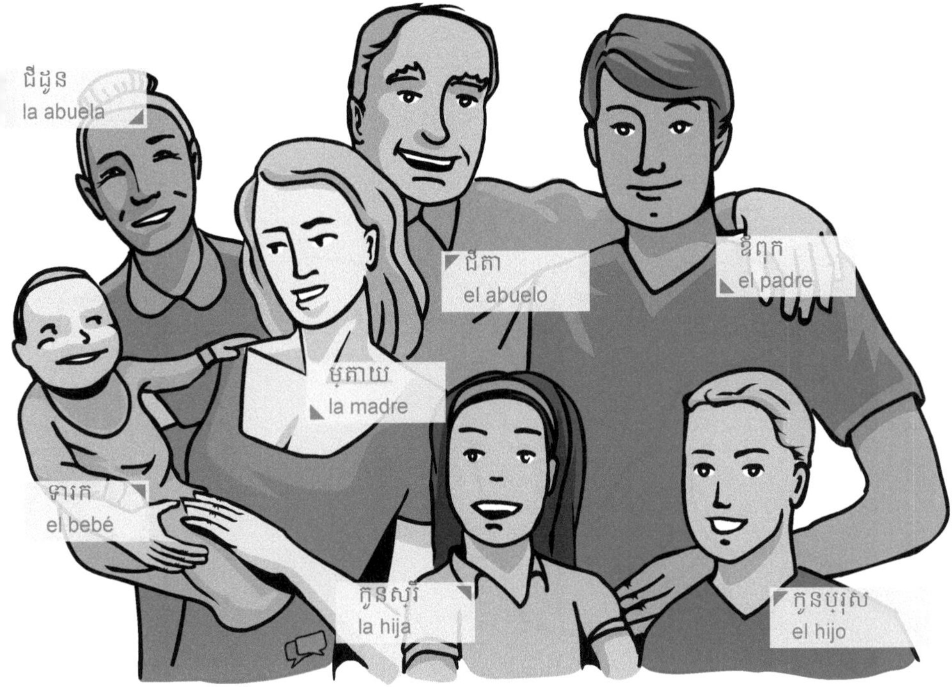
ជីដូន
la abuela
ជីតា
el abuelo
ឪពុក
el padre
ម្តាយ
la madre
ទារក
el bebé
កូនស្រី
la hija
កូនប្រុស
el hijo

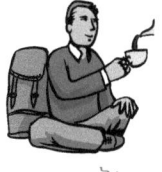

ភ្ញៀវ
el invitado

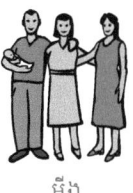

មីង
la tía

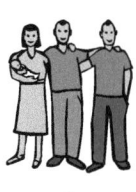

ពូ
el tío

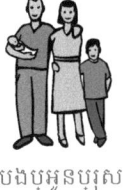

បងប្អូនប្រុស
el hermano

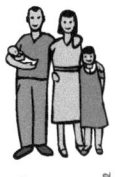

បងប្អូនស្រី
la hermana

រាងកាយ

el cuerpo

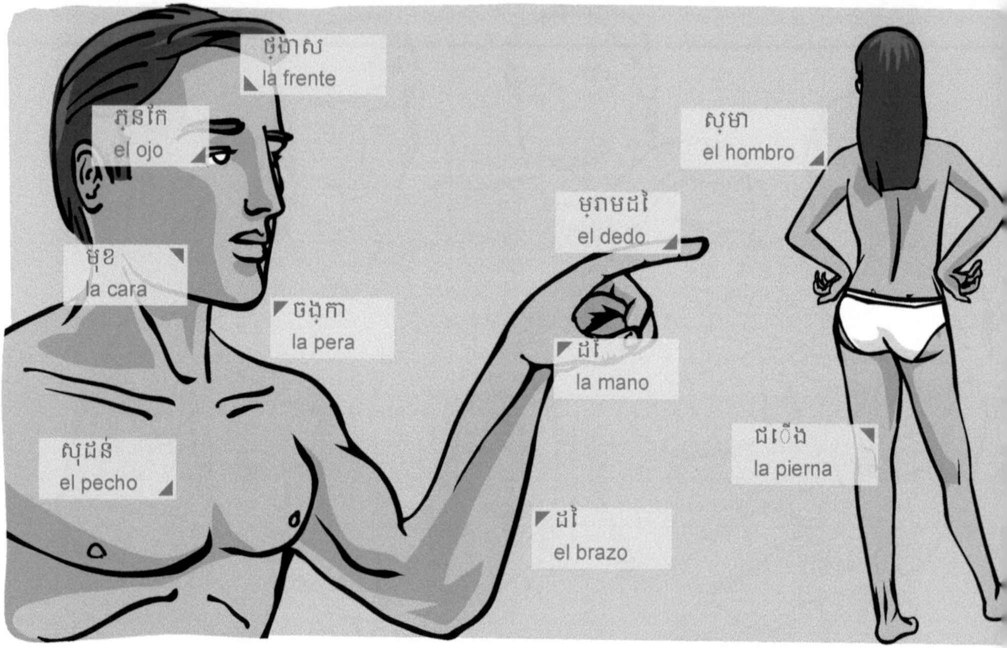

ថ្ងាស
la frente

ភ្នែក
el ojo

មុខ
la cara

ចង្កា
la pera

សុដន់
el pecho

សុមា
el hombro

ម្រាមដៃ
el dedo

ដៃ
la mano

ជើង
la pierna

ដៃ
el brazo

ទារក
el bebé

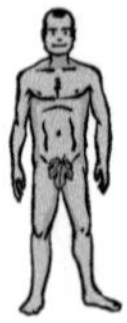

បុរស
el hombre

ស្ត្រី
la mujer

កុមារីស្រី
la nena

កុមារបុរស
el nene

ក្បាល
la cabeza

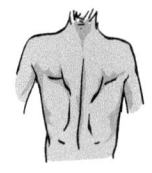

ខ្នង

la espalda

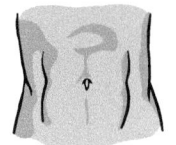

ពរពោះ

la panza

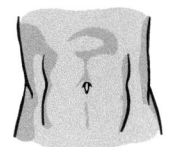

ផ្ចិត

el ombligo

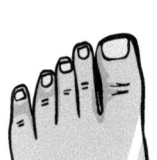

ម្រាមជើង

el dedo del pie

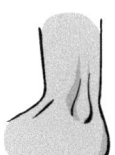

កែងជើង

el talón

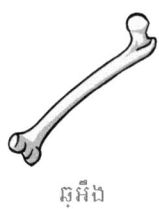

ឆ្អឹង

el hueso

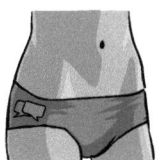

គូរគាក

la cadera

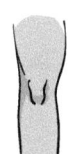

ជង្គង់

la rodilla

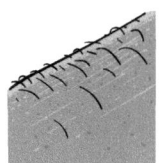

កែងដៃ

el codo

ច្រមុះ

la nariz

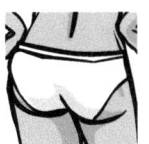

គូទ

la cola

ស្បែក

la piel

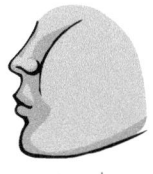

ថ្ពាល់

el cachete

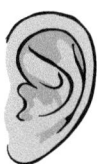

ត្រចៀក

la oreja

បបូរមាត់

el labio

មាត់

la boca

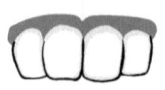

ធ្មេញ

el diente

អណ្ដាត

la lengua

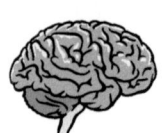

ខួរក្បាល

el cerebro

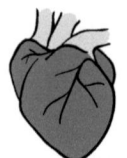

បេះដូង

el corazón

សាច់ដុំ

el músculo

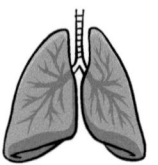

សួត

el pulmón

ថ្លើម

el hígado

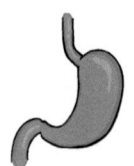

ក្រពះ

el estómago

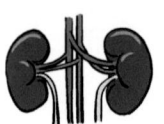

តម្រងនោម

los riñones

ការរួមភេទ

el sexo

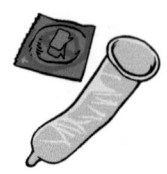

ស្រោមអនាម័យ

el preservativo

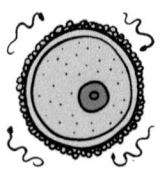

អូវុល

el óvulo

ទឹកកាម

el semen

ការមានផ្ទៃពោះ

el embarazo

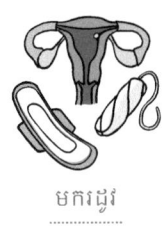

មករដូរ

la menstruación

ទ្វារមាស

la vagina

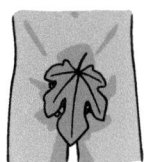

លិង្គ

el pene

ចិញ្ចើមភ្នែក

la ceja

សក់

el pelo

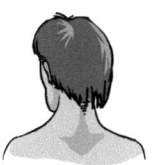

ក

el cuello

មន្ទីរពេទ្យ
el hospital

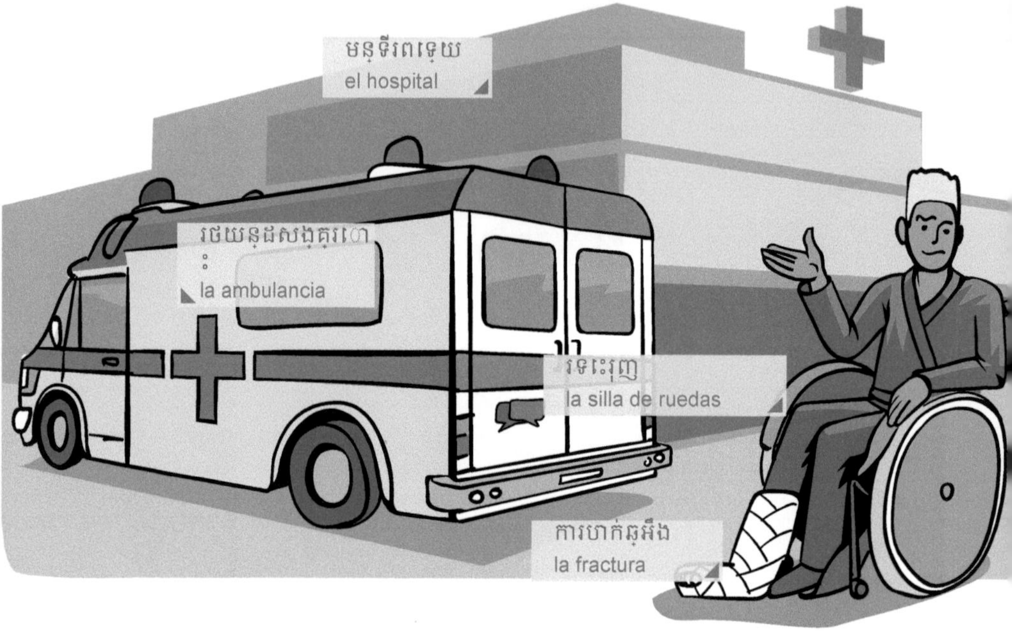

មន្ទីរពេទ្យ
el hospital
រថយន្តសង្គ្រោះ
la ambulancia
រទេះរុញ
la silla de ruedas
ការបាក់ឆ្អឹង
la fractura

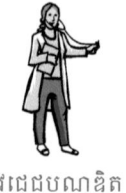

វេជ្ជបណ្ឌិត

el médico

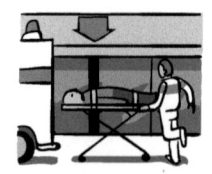

បន្ទប់សង្គ្រោះបន្ទាន់

la sala de guardia

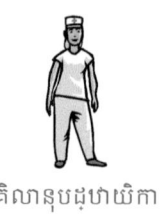

គិលានុបដ្ឋាយិកា

la enfermera

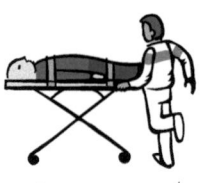

សង្គ្រោះបន្ទាន់

la emergencia

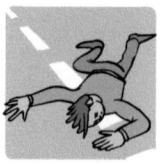

សន្លប់

inconsciente

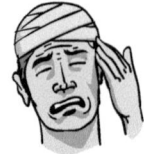

ការឈឺចាប់

el dolor

ការរងរបួស
la lesión

ការហូរឈាម
la hemorragia

គាំងបេះដូង
el infarto

រលឹដាច់សរសៃឈាមក្នុង
ក្បាល
el ACV

អាលែកហ្សី
la alergia

ក្អក
la tos

ជំងឺគ្រុន
la fiebre

ជំងឺផ្ដាសាយ
la gripe

ជំងឺរាគគ្រូស
la diarrea

ឈឺក្បាល
el dolor de cabeza

ជំងឺមហារីក
el cáncer

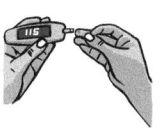

ជំងឺទឹកនោមផ្អែម
la diabetes

គ្រូពេទ្យវះកាត់
el cirujano

កាំបិតវះកាត់
el bisturí

បុរិតិបត្ដិការ
la operación

CT

la TC

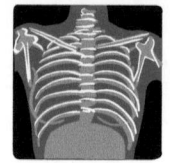

កាំស្មើរអិច

los rayos x

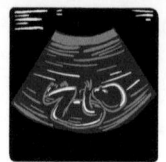

អេកូ

la ecografía

របាំងមុខ

el barbijo

ជំងឺ

la enfermedad

រង់ចាំបន្ទប់

la sala de espera

ឈរ៉េចុករគ់

la muleta

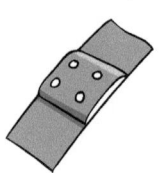

មុនាងសិលា

la curita

បង់រុំ

la venda

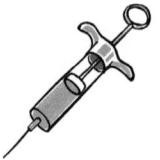

ការចាក់ថ្នាំ

la inyección

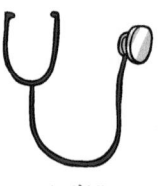

ស្ទដត្ត្គ

el estetoscopio

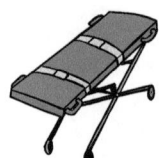

ស្ទនដែរប្បួស

la camilla

ទឯម្ចប់ម៉ៃត្ត្រពុទ្យាហាល

el termómetro

កំណោ៉ើត

el nacimiento

លទ៉ើសទមុឯន់

el sobrepeso

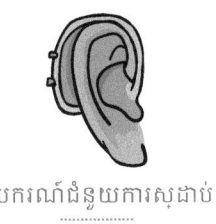

បរិក្ខារជំនួយការស្តាប់
el audífono

សារធាតុសម្លាប់មេរោគ
el desinfectante

ការឆ្លងមេរោគ
la infección

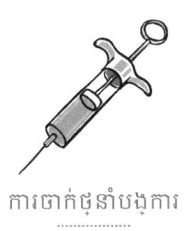

មេរោគ
el virus

មេរោគអេដស៍ / ជំងឺអេដស៍
el VIH / SIDA

ថ្នាំពទ្យ
el remedio

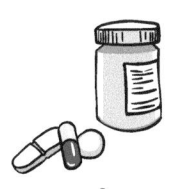

ការចាក់ថ្នាំបង្ការ
la vacunación

ថ្នាំគ្រាប់
los comprimidos

ថ្នាំគ្រាប់
la pastilla anticonceptiva

ការហៅពេលអាសន្ន
llamada de emergencia

ឧបករណ៍ពិនិត្យសម្ពាធ
…ឈាម…
el tensiómetro

ឈឺ / មានសុខភាពល្អ
enfermo / sano

ជំនួយ!

¡Ayuda!

សំឡេងរោទ៍

la alarma

ការវាយលុក

la agresión

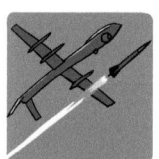

ការវាយប្រហារ

el ataque

គ្រោះថ្នាក់

el peligro

ច្រកចេញគ្រាអាសន្ន

la salida de emergencia

អគ្គីភ័យ!

¡Fuego!

បំពង់ពន្លត់អគ្គិភ័យ

el matafuego

គ្រោះថ្នាក់

el accidente

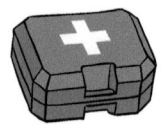

ឧបករណ៍ជំនួយបឋម

el botiquín de primeros auxilios

SOS

el SOS

ប៉ូលិស

la policía

អឺរុប

Europa

អាមេរិកខាងជើង

América del Norte

អាមេរិកខាងត្បូង

América del Sur

អាហ្វ្រិក

África

អាស៊ី

Asia

អូស្ត្រាលី

Australia

អាត្លង់ទិច

el Atlántico

ប៉ាស៊ីហ្វិក

el Pacífico

មហាសមុទ្រឥណ្ឌា

el Océano Índico

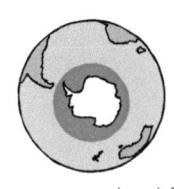

មហាសមុទ្រអង់តាក់ទិច

el Océano Antártico

មហាសមុទ្រអាកទិច

el Océano Ártico

ប៉ូលខាងជើង

el polo norte

ប៉ូលខាងត្បូង
....
el polo sur

អង់តាកទិក
....
la Antártida

ផែនដី
....
la Tierra

ដីគោក
....
la tierra

សមុទ្រ
....
el mar

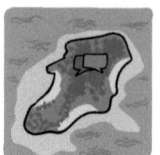

កោះ
....
la isla

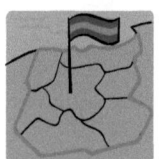

បុរទេសជាតិ
....
la nación

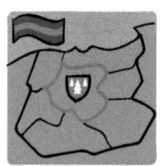

រដ្ឋ
....
el estado

មុខនាឡិកា

la esfera

ទ្រនិចម៉ោង

la manecilla de las horas

ទ្រនិចនាទី

el minutero

ទ្រនិចវិនាទី

el segundero

ម៉ោងប៉ុន្មាន?

¿Qué hora es?

ថ្ងៃ

el día

ពេលវេលា

la hora

ឥឡូវនេះ

ahora

នាឡិកាឌីជីថល

el reloj digital

នាទី

el minuto

ម៉ោង

la hora

សប្តាហ៍

la semana

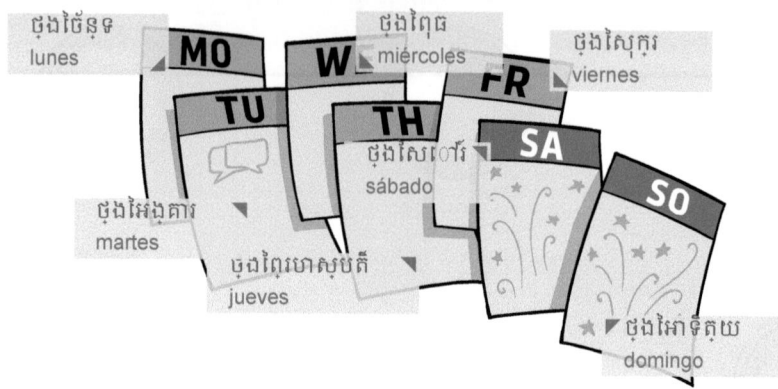

ថ្ងៃចន្ទ
lunes

ថ្ងៃពុធ
miércoles

ថ្ងៃសុក្រ
viernes

ថ្ងៃអង្គារ
martes

ថ្ងៃព្រហស្បតិ៍
jueves

ថ្ងៃសៅរ៍
sábado

ថ្ងៃអាទិត្យ
domingo

មុសិលមិញ
ayer

ថ្ងៃនេះ
hoy

ថ្ងៃស្អែកឆ្កេ
mañana

ព្រឹក
la mañana

ថ្ងៃត្រង់
el mediodía

ល្ងាច
la tarde

ថ្ងៃធ្វើការ
los días hábiles

ថ្ងៃសប្តាហ៍
el fin de semana

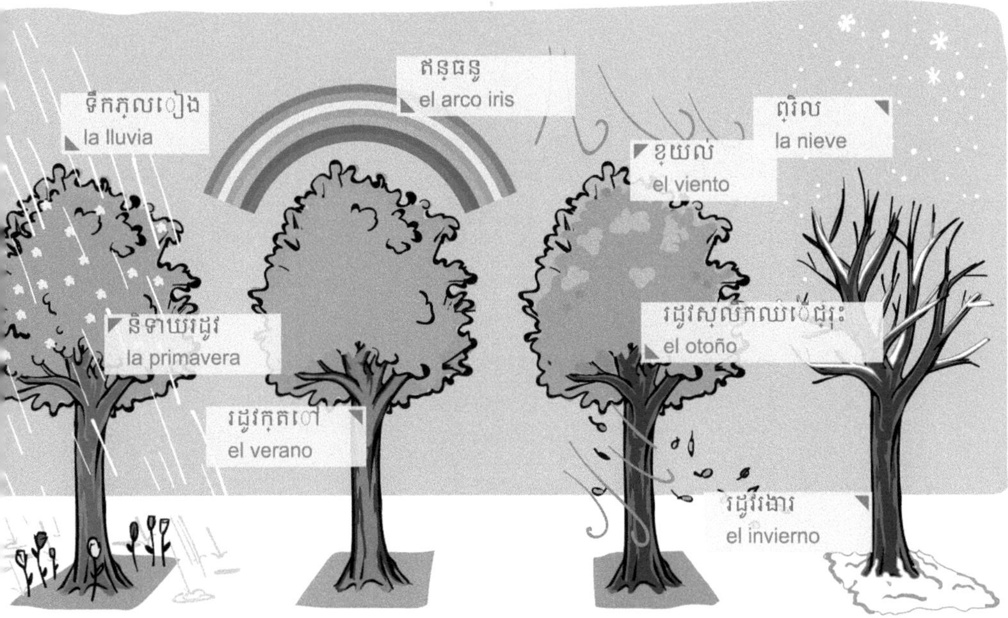

ទឹកភ្លៀងរៀង
la lluvia

ឥន្ទធនូ
el arco iris

ព្រិល
la nieve

ខ្យល់
el viento

និទាឃរដូវ
la primavera

រដូវស្លឹកឈើជ្រុះ
el otoño

រដូវក្តៅ
el verano

រដូវរងារ
el invierno

4.APRIL	11°	☀
5.APRIL	4°	⛆
6.APRIL	13°	☁
7.APRIL	8°	☀
8.APRIL	10°	☀

របាយការណ៍អាកាសធាតុ

pronóstico meteorológico

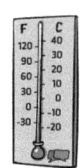

ទែម៉ូម៉ែត្រ

el termómetro

ពន្លឺថ្ងៃ

la luz del sol

ពពក

la nube

អ័ព្ទ

la niebla

សំណើម

la humedad

រន្ទះ

el rayo

ផ្គរ

el trueno

ពុយុះ

la tormenta

ព្រិល

el granizo

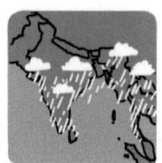

ខ្យល់មូសុង

el monzón

ទឹកជំនន់

la inundación

ទឹកកក

el hielo

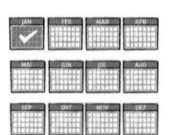

ខែមករា

enero

ខែកុម្ភៈ

febrero

ខែមីនា

marzo

ខែមេសា

abril

ខែឧសភា

mayo

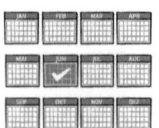

ខែមិថុនា

junio

ខែកក្កដា

julio

ខែសីហា

agosto

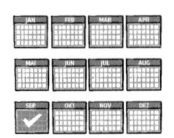

ខែកញ្ញា

septiembre

ខែតុលា

octubre

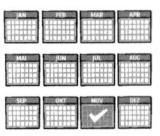

ខែវិច្ឆិកា

noviembre

ខែធ្នូ

diciembre

រាង

las formas

រង្វង់

el círculo

ការ៉េ

el cuadrado

ចតុកោណកែង

el rectángulo

ត្រីកោណ

el triángulo

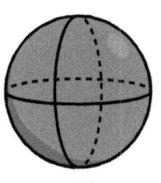

ស្វ៊ែរ

la esfera

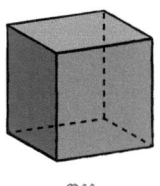

គូប

el cubo

colores

ពណ៌ស
....
blanco

ពណ៌លឿង
....
amarillo

ពណ៌ទឹកក្រូច
....
naranja

ពណ៌ផ្កាឈូក
....
rosa

ពណ៌ក្រហម
....
rojo

ពណ៌ស្វាយ
....
violeta

ពណ៌ខៀវ
....
azul

ពណ៌បៃតង
....
verde

ពណ៌ទឹកក្រូច
....
marrón

ពណ៌ប្រផេះ
....
gris

ពណ៌ខ្មៅ
....
negro

ច្រើន / តិចតួច

mucho / poco

ខឹង / គួរជាក់ចិត្ត

enojado / tranquilo

ស្រស់សួអាត / អាក្រក់

lindo / feo

ចាប់ផ្ដើម / បញ្ចប់

el principio / el fin

ធំ / តូច

grande / chico

ភ្លឺ / ងងឹត

claro / oscuro

បុអ្នកបុរស / បងបុអ្នកស្រី

el hermano / la hermana

ស្អាត / កខ្វក់

limpio / sucio

ពេញលេញ / មិនពេញលេញ

completo / incompleto

ថ្ងៃ / យប់

el día / la noche

ស្លាប់ / នៅរស់

muerto / vivo

ធំទូលាយ / តូចចង្អៀត

ancho / angosto

អាចបរិភោគបាន /
មិនអាចបរិភោគបាន

comestible / no comestible

ចិត្តអាក្រក់ / ចិត្តល្អ

malo / amable

ការរំភើប / អផ្សុក

entusiasmado / aburrido

ធាត់ / ស្គម

gordo / flaco

ដំបូង / ចុងក្រោយ

primero / último

មិត្តភក្តិ / សត្រូវ

el amigo / el enemigo

ពេញ / ទទេ

lleno / vacío

រឹង / ទន់

duro / blando

ធ្ងន់ / ស្រាល

pesado / liviano

ភាពអត់ឃ្លាន /
ការស្រេកឃ្លាន

el hambre / la sed

ឈឺ / មានសុខភាពល្អ

enfermo / sano

ខុសច្បាប់ / ត្រូវច្បាប់

ilegal / legal

ឆ្លាតវៃ / ឆ្កួត

inteligente / estúpido

ឆ្វេង / ស្តាំ

izquierda / derecha

ជិត / ឆ្ងាយ

cerca / lejos

ផ្ទុយគ្នា - los opuestos

ថ្មី / ហានប់ុរេ
nuevo / usado

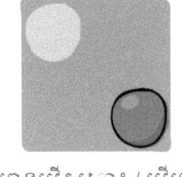

គ្មានអ្វីសោះ / អ្វីម្យ
nada / algo

ចាស់ / ក្មេង
viejo / joven

បើក / ចិទ
encendido / apagado

បើក / ចិទ
abierto / cerrado

ស្ងប់ស្ងាត់ / ព្ុខលាំង
silencioso / ruidoso

មាន / ក្រ
rico / pobre

ត្រូវ / ខុស
correcto / incorrecto

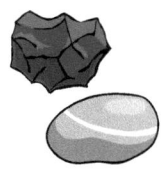

គ្រើម / រលោង
áspero / suave

ភាកចិត្ត / សប្ុហាយចិត្ត
triste / contento

ខ្លី / រវែង
corto / largo

យ៉ឺត / លឿន
lento / rápido

សើម / ស្ងួត
mojado / seco

ក្តៅ / ត្រជាក់
caliente / frío

សង្គ្រាម / សន្តិភាព
guerra / paz

los números

0

ស្សូនុយ

cero

1

មួយ

uno

2

ពីរ

dos

3

បី

tres

4

បួន

cuatro

5

ប្រាំ

cinco

6

ប្រាំមួយ

seis

7

ប្រាំពីរ

siete

8

ប្រាំបី

ocho

9

ប្រាំបួន

nueve

10

ដប់

diez

11

ដប់មួយ

once

12

ដប់ពីរ

doce

13

ដប់បី

trece

14

ដប់បួន

catorce

15

ដប់ប្រាំ

quince

16

ដប់ប្រាំមួយ

dieciséis

17

ដប់ប្រាំពីរ

diecisiete

18

ដប់ប្រាំបី

dieciocho

19

ដប់ប្រាំបួន

diecinueve

20

ម្ភៃ

veinte

100

រយ

cien

1.000

ពាន់

mil

1.000.000

លាន

el millón

អង់គ្លេស

el inglés

អង់គ្លេសអាមេរិក

el inglés americano

ចិនកុកង៊ី

el chino mandarín

ហិណ្ឌូ

el hindi

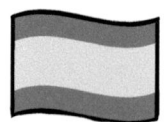

អេស្ប៉ាញ

el español

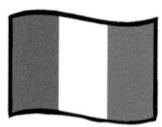

ហារាំង

el francés

អារ៉ាប់

el árabe

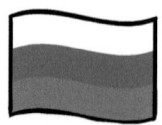

រុស្សី

el ruso

ព័រទុយហ្គាល់

el portugués

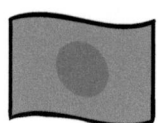

បង់កុលាជសែ

el bengalí

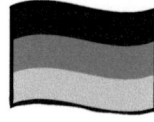

អាល្លឺម៉ង់

el alemán

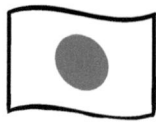

ជប៉ុន

el japonés

ខ្ញុំ

yo

អ្នក

vos

គាត់ / នាង / វា

él / ella

យើង

nosotros

អ្នក

ustedes

ពួកគេហេន

ellos

នរណា?

¿quién?

អ្វី?

¿qué?

របៀបណា?

¿cómo?

កន្លែងណា?

¿dónde?

ពេលណា?

¿cuándo?

ឈ្មោះ

el nombre

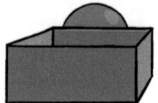

ព័ក្រុយ
detrás

ក្នុង
en

ព័មុខ
adelante de

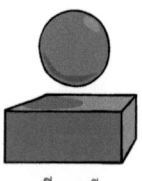

ពីលើ
por encima de

នៅលើ
sobre

នៅក្រោម
debajo de

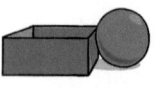

នៅក្បែ
al lado de

រវាង
entre

កន្លែង
el lugar